SANTA ROSA FILIPINA
DUCHESNE

Un Corazón de Fuego atravesando Fronteras

Carolyn Osiek, RSCJ

Traducido al castellano por Margarita Recavarren Elmore, RSCJ
Revisado por Clara Malo Castrillón, RSCJ

SANTA ROSA FILIPINA DUCHESNE
Un Corazón de Fuego atravesando Fronteras

Ilustración de la portada por Emil Frei Studios
Diseño del libro por Peggy Nehmen, n-kcreative.com

Impreso en los Estados Unidos de América
ISBN-13: 979-8-218-77520-9

Publicado por

Society of the Sacred Heart™
United States – Canada

4120 Forest Park Avenue
St. Louis Missouri 63108-2809
314-652-1500
www.rscj.org

@RSCJUSC
facebook.com/SocietyoftheSacredHeart

ÍNDICE

INTRODUCCIÓN

A LO LARGO DE LOS AÑOS ha habido numerosos estudios sobre Rosa Filipina Duchesne. Recientemente, el tener acceso a los originales de sus escritos nos ha permitido profundizar más sobre su manera de percibir el mundo de su tiempo. Filipina formaba parte de la mentalidad europea del "*antiguo régimen*" en la que ella creció y permaneció muy marcada por muchos de sus planteamientos. Sin embargo ella miraba siempre hacia el horizonte, y hacia lo que está más allá, hacia ese "más" que podría hacerse por Dios en ese momento.

Después del Bicentenario de la llegada de Rosa Filipina y sus cuatro compañeras al Nuevo Mundo, también miramos el horizonte del futuro de Dios. ¡Que ella sea nuestra cercana compañera de camino en este viaje!

Agradezco a Pamela Schaefer y Linda Behrens por sus útiles sugerencias para la edición, a Kathleen Hughes, RSCJ y al Comité del Bicentenario por proporcionar el contexto y la emoción de celebrar estos doscientos años de misión.

—Carolyn Osiek, RSCJ

INICIOS FELICES

ROSA FILIPINA DUCHESNE, la valiente pionera que llevaría su querida Sociedad del Sagrado Corazón a nuevas fronteras internacionales, nació en Grenoble, Francia el 29 de agosto de 1769. Era la segunda de ocho hijos de Pedro Francisco Duchesne, miembro del Parlamento de Grenoble, y de Rosa-Eufrosine Perier. La casa donde creció era una importante mansión situada en la plaza principal de la ciudad, y vecina del hogar del hermano de su madre, Claude Perier, su esposa, Marie-Charlotte Pascal, y sus doce hijos. Aunque los niños vivieron tiempos muy felices en esta gran familia ampliada, la infancia de Rosa Filipina estuvo marcada por dos lamentables eventos. Cuando la niña tenía tres años contrajo varicela, lo que le dejó marcada la cara toda su vida. Unos seis años más tarde, María-Adelaida la hermana mayor murió, haciendo que a sus nueve años Rosa Filipina terminara siendo la mayor de los hermanos Duchesne y la segunda de ambas familias reunidas.

La mayor parte de los niños de estas dos familias de la alta burguesía fueron educados por tutores particulares. Como era la costumbre, Rosa Filipina y su prima Josefina Perier, sólo un año menor que ella y su mejor amiga a lo largo de toda su vida, fueron juntas en 1781 al internado del Convento de la Visitación de Sainte-Marie d'En-Haut para prepararse a la Primera Comunión. Poco después de este evento, en mayo de 1782, el padre de Filipina supo de su deseo de ingresar al convento y entonces la sacó intempestivamente del colegio. Pero ella siempre quiso regresar a Santa María, situada en lo alto de una colina sobre la ciudad, porque fue ahí donde se iniciaron sus anhelos misioneros. El confesor de las estudiantes había sido misionero entre los Nativos Americanos de Illinois, en Norteamérica, y sus historias inspiraron a Rosa Filipina deseos de llegar a ser ella misma misionera. A los doce años, en la época de su primera comunión, ya soñaba con ser religiosa y anunciar el Evangelio en tierras extranjeras.

De vuelta a su familia, Rosa Filipina continuó estudios particulares de lenguas extranjeras y, a pesar de su poco talento natural, prosiguió con interés dibujo, música y danza. Una de sus hermanas contaba que Filipina ponía el mismo empeño cuando aprendía a bailar, que cuando aprendía Álgebra. A los diecisiete años, esta firme resolución la llevó a rehusar una propuesta de matrimonio y declarar su intención de entrar a la vida religiosa como monja de la Visitación de Santa María. Como sus padres le negaron el permiso, ella recurrió a otro miembro de su familia. Un día en la primavera de 1788, a los dieciocho años, Rosa Filipina pidió a una de sus tías que la acompañara a Santa María para visitar a las religiosas. Estando allí, declaró que estaba ingresando a la comunidad y se negó a salir. A pesar del desmayo y los esfuerzos de su familia para llevarla a casa, ella se quedó en el monasterio.

Escaleras que suben al Monasterio de Sainte-Marie d'En-Haut.

Foto L. Lieux, RSCJ

Patio de Sainte-Marie d'En-Haut.

ENTRADE – Y SALIDA – DE LA VIDA RELIGIOSA

ROSA FILIPINA ERA FELIZ en Santa María y, si no hubiera explotado la situación política alrededor de ella, posiblemente hubiera permanecido como religiosa de la Visitación hasta el fin de su vida, como lo hicieron cuatro de sus tías por el lado de su padre y, posteriormente, una de sus hermanas, que entraron al convento de la Visitación en Romans. Pero el destino la condujo por otros caminos. Desde hacía tiempo, el Parlamento de Grenoble se oponía tenazmente a la monarquía que pretendía suprimirle sus derechos políticos. Y precisamente cuando Rosa Filipina entró al convento de Santa María, el Parlamento de Grenoble rechazó el intento del gobierno central de reducir el poder parlamentario. La revuelta se extendió por todo el país.

En un intento de resolver la crisis, la primera sesión de los Estados-Generales del Delfinado tuvo lugar en Vizille, el castillo de los Perier cerca de Grenoble, el 21 de julio de 1788. El padre de Filipina se ausentó de la segunda sesión, que se realizó en Romans el 9 de septiembre del mismo año, para asistir al día siguiente a la toma de hábito de Filipina en la Visitación. Al año siguiente, Pedro Francisco Duchesne se retiró temporalmente de la política, pero, previendo lo que podría suceder después, negó a Filipina el permiso de hacer los votos. Efectivamente, hacia octubre de 1789, fueron suprimidos en Francia los votos religiosos, y alrededor de setiembre de 1792, la comunidad de la Visitación fue obligada a dispersarse. Entonces Rosa Filipina acompañó a su familia al palacete de su propiedad cercano a Grâne. De esta manera empezaron once años de incertidumbre para esta joven, forzada a posponer sus anhelos de vida religiosa. ¿Qué haría entonces con su vida?

Durante la peor etapa del Terror (septiembre 1793 - julio 1794), el viejo monasterio de Santa María llegó a ser prisión para los sacerdotes y religiosos que se rehusaron a cooperar con los revolucionarios anticlericales que controlaban el poder. Filipina y su prima Josefina pasaban parte de su tiempo en Grenoble, trabajando en una asociación de mujeres que arriesgaban sus vidas al visitar sacerdotes que estaban detenidos o escondidos, y al llevar clandestinamente la Eucaristía a enfermos y moribundos en sus casas. La misma Filipina nunca escribió sobre esto, pero posteriormente su hermana Eufrosina contó cómo ellas dos entraban a los lugares más tenebrosos para ayudar a quienes lo necesitaban, especialmente sacerdotes y religiosos encarcelados.

Cuando terminó el Terror, Rosa Filipina descubrió imágenes de San Francisco Regis y San Francisco Javier en la Iglesia parroquial de Grâne. Esto acrecentó su devoción a los dos Jesuitas misioneros. En 1800 ella hizo una peregrinación al cercano santuario de San Francisco Regis en La Louvesc. Esta experiencia resultó decisiva en su vida y al regresar a Grenoble, se dedicó con mayor ahínco a realizar obras de caridad. Se dio cuenta de que la instrucción de las niñas estaba bien llevada, pero no así la de los niños pobres, por tanto reunió un grupo de niños de la calle, atrayéndolos primero con alimentos, para darles después instrucción religiosa. Estos niños se mostraban muy afectuosos con ella y algunas veces la abrazaban en la calle, lo que incomodaba mucho a sus familiares y amigos.

Mientras tanto, Filipina había alimentado el sueño de adquirir al gobierno el antiguo monasterio de Santa María y hacer posible que la comunidad de Visitandinas se reuniera allí. Miembros de la familia influyentes en la política local, especialmente el tío de Filipina, Claude Perier, obtuvieron del gobierno el derecho de arrendar el monasterio. Para disgusto de Rosa Filipina, el contrato de arrendamiento estaba sólo a su nombre, en lugar del de la ex superiora, la Madre Anne-Félicité de Murinais, como era su deseo. Presionada por su tío, Filipina firmó el documento a pesar de todo. El 10 de diciembre de 1801, por un alquiler anual de 800 francos, el Monasterio de Sainte-Marie d'En Haut fue suyo.

La casa estaba en un terrible estado de deterioro, y ponerla en condiciones de ser habitada quedó totalmente bajo la responsabilidad de Filipina, quien tuvo que asumir los costos. Cuando la gente supo que una novicia del antiguo convento, y no la superiora, estaba tratando de reunir a la comunidad dispersa, empezaron a correr los rumores.

La verdadera intención de Rosa Filipina era que la Madre de Murinais viniera y asumiera su posición de liderazgo, pero entretanto, como la casa se encontraba en una terrible situación de deterioro, ella misma asumió los gastos y la responsabilidad de hacerla habitable. Esta decisión provocó un gran revuelo en la ciudad: cuando la gente se enteró que, en lugar de la superiora, una novicia del antiguo convento estaba tratando de reunir a la comunidad dispersa, corrieron rumores: ¿quería Filipina ser la nueva superiora? ¿Quién se creía que era ella!? Habían pasado ya diez años desde la dispersión, cuando por fin la Madre de Murinais regresó junto con otras religiosas ancianas de la comunidad; la superiora en ese momento tenía más de ochenta años, y en esas condiciones resultaba imposible restaurar la vida comunitaria como había sido anteriormente.

Rosa Filipina se enfrentó a una profunda crisis espiritual al ver frustrados sus sueños de reconstituir la comunidad de la Visitación, pues creía que esa era la voluntad de Dios para ella. Al final se quedó con dos o tres antiguas monjas y seis u ocho estudiantes del internado, que les fueron confiadas para su educación por algunas familias de la localidad. Es posible que sus esfuerzos se vieran obstaculizados por sus ideas fuertes y definidas acerca de cómo debería vivirse la vida religiosa. Los chismes del entorno decían que Filipina era demasiado difícil de manejar.

Sin embargo, recibió el apoyo de algunos sacerdotes influyentes. Uno de ellos redactó una Regla para la comunidad con el nombre de "Hijas de la Propagación de la Fe", y Rosa Filipina pronunció sus votos simples en su querido monasterio de Santa María el 3 de marzo de 1803. El internado continuó atrayendo estudiantes, lo que les permitió sostenerse económicamente. ¿Pero qué hacer en adelante? A través de uno de los sacerdotes, Rosa Filipina escuchó hablar del Padre José Varin, asesor y guía espiritual de la superiora de una congregación de mujeres recién fundada, dedicada al Sagrado Corazón (aunque en ese momento no podían usar ese nombre). Esta impresionante joven, Magdalena Sofía Barat, que venía de una ciudad de Borgoña, tenía buena educación y, aunque sólo contaba con veinticinco años, poseía evidentes dotes de liderazgo espiritual.

Encuentro de Magdalena Sofía Barat y Rosa Filipina Duchesne

3

EL ENCUENTRO DE DOS SANTAS

EL PADRE VARIN VISITÓ el Monasterio de Rosa Filipina a fines de Julio de 1804 para celebrar la fiesta de San Ignacio con las monjas. Cuando el Padre Varin aparentó que se estaba despidiendo sin darle una respuesta definitiva para seguir esa nueva orientación, el entusiasmo de Rosa Filipina la llevó a dar muestras de impaciencia; a esto el sacerdote le recordó que Dios trabaja lentamente. *"Al contrario"*, respondió Filipina, aludiendo al Salmo 19, 6 *"la Escritura dice de Él corre su carrera como atleta"*. El sacerdote rio y estuvo de acuerdo en que debía solicitar a la Madre Barat lo más pronto posible que fundara un nuevo convento allí.

Sin embargo, ese *"tan pronto como sea posible"* se convirtió en cinco meses de angustiosa espera para una no muy paciente Filipina. Ella no sabía que, pocos meses después de su visita, el Padre Varin le había escrito a Sofía, diciéndole que Rosa Filipina era un alma grande y generosa por la que debía hacer el largo viaje hasta Grenoble. Por fin el 13 de diciembre de 1804, Magdalena Sofía y dos compañeras llegaban a Grenoble desde la primera fundación en Amiens.

La víspera, 12 de diciembre, había sido el vigésimo quinto cumpleaños de Sofía. Filipina era diez años mayor y provenía de una familia mucho más distinguida. Sin embargo, Filipina inmediatamente reconoció a Sofía como superiora y guía. Muchos años más tarde, Magdalena Sofía contó la historia de su llegada a Santa María: a la puerta del Monasterio hubo gran movimiento, y de pronto, Filipina se echó a sus pies diciendo algo sobre *"Qué hermosos son en las montañas los pies de quienes traen la paz"*, una alusión a Isaías 52, 7. *"Yo estaba tan asombrada, que la dejé hacerlo"*, recordó Sofía, resaltando indirectamente la impetuosidad que caracterizó a Filipina en esos años de juventud.

El pequeño grupo, ahora bajo la dirección personal de Sofía, la joven superiora y del Padre Varin, comenzó a vivir la vida religiosa con toda seriedad. En enero, las flamantes novicias hicieron un retiro de diez días, mientras que las hermanas que habían venido con Sofía continuaban dirigiendo el internado. Al año siguiente, el 21 de noviembre de 1805, Rosa Filipina y seis compañeras pronunciaron sus votos en la Sociedad del Sagrado Corazón; ese día era el quinto aniversario de la primera consagración de Sofía y sus primeras compañeras en París.

La vocación misionera de Rosa Filipina no quedó en el olvido: Mientras se comprometía gozosamente con la vida de la comunidad y el internado en Grenoble, comenzó a darse cuenta de que la llamaban más allá de su mundo conocido. En la mañana del 10 de enero de 1806, menos de dos meses después de haber pronunciado sus votos, mientras hacía la meditación matutina, reflexionó sobre la reciente fiesta de la Epifanía, particularmente sobre cómo los magos se habían ido a una tierra extranjera, dejando atrás su propia tierra. Se dio cuenta de que, si seguía la llamada misionera, tendría que dejar atrás a su querida casa de Santa María, en la que había invertido un trabajo considerable y gran parte de su herencia. Sin embargo, ella en ese mismo momento tomó la decisión de sacrificar el monasterio y todo lo que entendía por "hogar".

El carácter generoso, espontáneo y algo impulsivo de Rosa Filipina se revela una vez más en esta decisión. Aunque sus deseos misioneros aún no estaban bien pensados, a ella le encantaba rezar ante el Santísimo Sacramento durante horas en la noche e incluso pedía pasar la noche entera en oración. Sofía no le daba permiso con frecuencia y le decía que normalmente tenía que dormir al menos cinco horas para poder realizar el exigente trabajo de la comunidad y la escuela. Sin embargo, el Jueves Santo, 3 de abril de 1806, Sofía le dio permiso para una vigilia de toda la noche. Al día siguiente, Rosa Filipina relató el contenido de esa oración en una carta a Magdalena Sofía, contándole que había pasado la noche, llevando a Cristo al Nuevo Mundo en compañía de los santos Francisco de Regis y Francisco Javier.

Cuatro meses después, desde el puerto de Burdeos la Sofía le respondió desde el corazón, dándole esperanzas de que este sueño pronto se haría realidad: *"Me quedé en el muelle observando ... una serie de barcos de todo el mundo que habían llegado a puerto ...".* Sofía escribió así en una carta fechada el 30 de Agosto de 1806. *"Me pareció que las dos estábamos aquí en esta ciudad, listas para embarcarnos en uno de estos navíos, para finalmente ir a donde tus deseos te están llamando".*

Pero aun tendrían que pasar otros doce años antes de que llegara ese día feliz.

En octubre de 1815, Rosa Filipina fue llamada de la casa de Grenoble al Consejo General de la Sociedad en París. El Consejo fue un evento fundamental en el que se aclaró la línea de autoridad en la Sociedad y se adoptaron formalmente las Constituciones por primera vez. Las minuciosas actas que escribió Rosa Filipina brindan información crucial sobre la historia de la Sociedad en este período. Al final de la reunión, fue elegida Secretaria General y se le pidió que estableciera su residencia en París. Por lo que sabemos, ella nunca regresó a Grenoble. Ahora estaba en el centro de la actividad de la Sociedad, encontrándose con todas los que iban y venían a la Casa Madre. Así como durante su permanencia en Grenoble había escrito el Diario de la Comunidad, también lo hizo en París: el 21 de octubre de 1816 anotó: *"Una carta del Padre Barat [hermano de Sofía] da esperanzas de que, gracias a una conversación sostenida con el Obispo de Nueva Orleans Monseñor [Louis William] Dubourg, nuestra Sociedad podrá establecerse en esa Diócesis".*

Su entusiasmo debe haber sido desbordante mientras escribía esas palabras. Monseñor Dubourg, recién nombrado obispo de todo el territorio de la Luisiana, estuvo en Europa durante varios años invitando a sacerdotes, seminaristas y religiosas para trabajar en su vasta nueva diócesis. La esperanza de Rosa Filipina continuaba creciendo, a pesar de la aparente renuencia de la Madre Barat para autorizar tal proyecto. Pero el 16 de mayo de 1817, el Obispo Dubourg llegó para una última visita a la Casa Madre en París. Cuando Magdalena Sofía estaba a punto de despedirlo con las manos vacías, Rosa Filipina se arrodilló ante ella y le suplicó que diera su consentimiento para la fundación en el Nuevo Mundo. Este gesto dramático debe haber sido convincente. Filipina escribió ese día en el Diario de la Comunidad que la Madre Barat *"le ha prometido seis religiosas para la próxima primavera".*

4

RUMBO A AMÉRICA

LA PARTIDA DE 1818 se había planificado para después de Pascua, pero se adelantó a febrero debido a los planes de una salida más pronta por parte del Padre Bernard Martial, Vicario General del Obispo Dubourg, y de algunos otros sacerdotes que podrían ser compañía en el viaje de las religiosas. Los meses precedentes estuvieron marcados por una serie de preparativos, la elección de las religiosas misioneras que irían con Rosa Filipina y la recolección de objetos que podrían serles útiles en América. Probablemente ella no se hubiera preocupado con tantos arreglos si la Madre Barat no se lo hubiera encargado y se asegurara de que así lo hiciera.

Las "seis religiosas" prometidas se convirtieron en cinco: Rosa Filipina, a los cuarenta y ocho años, era la mayor y, contra sus deseos, fue nombrada superiora del grupo. Catalina Lamarre y Margarita Manteau tenían treinta y nueve. Catalina había hecho su última profesión dos años antes, y Margarita ocho años antes. Ambas eran "Hermanas Coadjutoras", que eran responsables de las tareas domésticas, a diferencia de las "Religiosas de Coro", que desempeñaban funciones de enseñanza y liderazgo. Las otras dos compañeras eran mucho más jóvenes. Octavia Berthold, de veintiún años, conversa del Calvinismo, había sido novicia en Santa María, y por tanto conocida por Rosa Filipina. Hizo su última profesión en París el 3 de febrero, cinco días antes de la partida del 8 de febrero. Eugenia Audé, de veintisiete años, también había sido novicia en Santa María e hizo su última profesión en la Casa Madre la misma mañana de la partida; era de una familia noble y había sido presentada en la Corte antes de convertirse en religiosa. Ella es la única del grupo que, según sabemos, había expresado su deseo de ir con Rosa Filipina a Estados Unidos.

Algunos miembros de la familia Duchesne estaban en París para despedirla, así como a las otras tres misioneras presentes. Una hermana de la comunidad describirá después la partida. Al momento de dejar París, Octavia Berthold vaciló, Filipina la tomó suavemente del brazo y la acompañó al carruaje. Tenía secos los ojos y la mirada serena. El quinto miembro del grupo, Margarita Manteau se reunió con ellas en Poitiers, donde se detuvieron en camino hacia el Puerto de Burdeos. Sin embargo, después de la oleada de preparativos, fue el "apresúrate y espera": El clima no era propicio para el viaje y el barco aún no estaba listo para salir. Aprovechando el tiempo, las misioneras escribieron cartas, hicieron un Retiro Espiritual y…. ¡esperaron!

Antes de salir de París, Rosa Filipina había escrito un largo relato sobre su vocación misionera, que confió al Padre Pierre Perreau, un sacerdote amigo de la comunidad, para entregarlo a la Madre Barat después de su partida. Allí narra la historia de su primera atracción ante las palabras de un sacerdote misionero de visita en Santa María, su angustia en los últimos años en París, cuando parecía que la estaban llamando a un camino imposible de seguir. Y cuando, de pronto, el camino se abrió ante ella. Rosa Filipina escribió:

"Valoro por encima de todo, la gracia de pertenecer a la Sociedad del Corazón de Jesús, y la de poder contribuir a su expansión. Ninguna otra opción en el mundo podría superar esta sincera elección de pertenencia; en este momento, estoy plenamente consciente de todo lo que le debo a la Sociedad e intentaré estar a la altura y hacer que se valore el espíritu de las Reglas de nuestra Sociedad. Renovar a menudo este santo compromiso que, gracias a Dios, une a la Sociedad, incluso a gran distancia, será mi consuelo".

Sofía leyó la carta inmediatamente y cuatro días después, el 12 de febrero, respondió a Filipina, que esperaba en Burdeos la salida del barco:

"Con gran ternura, querida Madre, escribo esta primera carta, ahora que has aceptado tu misión, ciertamente no es una misión ordinaria, ya que estás llevando a tu pequeño rebaño muy lejos de nosotros. El momento de la despedida fue ciertamente doloroso. Anteriormente, sólo de pensarlo, se desgarraba mi corazón; ¡Cómo sería entonces en la realidad! Es cierto que Nuestro Señor suavizó nuestro dolor al pensar que serías feliz haciendo su santa voluntad en medio del trabajo y la privación. Además, tu ejemplo me fortaleció, renovando el atractivo que tenía anteriormente por esta vocación. No pude evitar envidiarte, porque parece haber poca esperanza de que alguna vez la comparta...

El Padre Perreau me ha dado los documentos que le confiaste antes de irte. Como puedes imaginar, los leí con la mayor atención. No es que necesitara esta declaración para convencerme de que Dios te había llamado a esta alta vocación: la persistencia de tus deseos, la facilidad con que el plan, aparentemente tan colmado de dificultades, finalmente se arregló cuando llegó *el momento de Dios; la manera en que todo se acomodó para lograr la partida que nos costó tanto, y finalmente la fuerza que Dios te dio para superar los obstáculos, todo esto me demuestra que, a pesar de las dificultades que tuvimos que considerar con prudencia, Dios te ha llamado a fundar una casa del Sagrado Corazón en América.*.

Por fin, el 19 de marzo, abordaron el "*Rebeca*". Para el 21, habían salido ya del canal y estaban en altamar. El viaje duró más de dos meses y a veces fue áspero, con tormentas violentas, mareos, comidas en mal estado, condiciones de hacinamiento ¡e incluso piratas! Para el 16 de mayo habían llegado al Caribe. Filipina escribió desde La Habana sobre la travesía que acababan de hacer:

"Llevamos 52 días no viendo sino mar y cielo; sólo el 11 de mayo vimos tierra a la distancia; era la isla de Caicos, la primera del archipiélago de Lucaya, que pertenece a los ingleses...

Ese mar es terrible; en ciertos momentos pensé en escribirte para rogarte que no enviaras a nadie más, antes de recibir noticias más precisas sobre nosotras y que tengas la seguridad del valor de tanto sacrificio... Una tormenta en el mar es un espectáculo verdaderamente aterrador. El ruido de las olas rompientes y el viento rugiente ahogaría cualquier trueno o cañonazo. Es absolutamente ensordecedor, y a esto se añade el balanceo del propio barco. Los marineros gritan para animarse unos a otros en su trabajo. Es un sonido lúgubre, pero su silencio es más sombrío y, lo que es peor, ver al capitán que camina de un lado a otro en estado de ansiedad. El barco que se lanza violentamente en un mar enfurecido da la impresión de la confusión del fin del mundo. El cielo parece enrollarse rápidamente detrás de las montañas de agua, arrastrando las estrellas con él. El mar, casi negro en la tormenta, se abre constantemente, revelando profundidades sin fondo; las olas barren la cubierta mientras el barco rueda y se balancea. Dos veces las olas abrieron con fuerza los pequeños "ojos de buey" del camarote y empaparon nuestras camas por la noche. Los mástiles se doblan, las velas están enrolladas o rotas; se deja libre el timón para no tensar la nave. Todo esto no es cosa de risa, a menos que uno vea a Dios en la tormenta".

Todavía faltaban semanas para que los agotados pasajeros desembarcaran en medio de la noche en Nueva Orleans el 29 de mayo, Fiesta del Sagrado Corazón ese año. Estaba oscuro cuando, por primera vez desde el 19 de marzo, pisaron tierra. Rosa Filipina se arrodilló rápidamente y besó el suelo. *"Háganlo ustedes también"*, dijo a las demás. *"Nadie nos está mirando"*. Apenas amaneció, llega-

Antiguo Convento de las Ursulinas, Nueva Orleans.

Foto: C. Osiek, RSCJ

ron en un carruaje al convento de las Ursulinas, situado cerca de la Catedral de San Luis en lo que hoy se conoce como el Barrio Francés. Rosa Filipina y sus compañeras eran esperadas y fueron acogidas con los brazos abiertos. Quedaron abrumadas con la generosa hospitalidad de las Hermanas Ursulinas, que estaban en la ciudad desde 1727, casi un siglo, y que habían previsto todo para ellas. Filipina deseaba recibir noticias del Obispo Dubourg a su llegada, pero no encontró nada.

En Nueva Orleans, Filipina vio por primera vez a los nativos americanos y tuvo su primer encuentro con la esclavitud, que le pareció dolorosamente increíble. *"¿Puede ser posible que esto exista?"*, escribió en una carta a la Madre Josephine Bigeu al día siguiente de su llegada, el 30 de mayo de 1818. *"La ley civil que los hace libres no se cumple, salvo en una parte muy pequeña de los Estados Unidos"*. A los pocos días, se involucró con los negros y al cabo de poco más de una semana, ya estaba pensando en cómo proporcionar educación a todos los grupos raciales.

Rosa Filipina también estaba desilusionada por la situación de la Iglesia en esta próspera ciudad portuaria. Su idealismo la había llevado a esperar exclusivamente personas santas. En cambio, escuchó sermones de dudosa teología de un sacerdote, *"sermones que"*, dijo, *"nunca hubieran sido aceptados en Francia"* La Catedral estaba regentada por el Padre Antonio de Sedella, Capuchino venerado como santo por muchos y vilipendiado por otros, pero inmensamente amado por sus feligreses. Este sacerdote se negó a dejar la Catedral e incluso a aceptar la autoridad del Obispo Dubourg y de su Vicario, el Padre Louis Sibourd.

Aunque había adquirido escorbuto en el viaje por mar, Rosa Filipina estaba llena de energía y entusiasmo, hasta el punto de compartirle al Padre Varin sólo cuatro días después de su llegada, que sus pensamientos *"se habían dirigido al lejano noroeste y cruzaban el Mar del Sur hacia Corea o Japón para alcanzar la palma del martirio. Es lo que más anhelo en este mundo, nunca estoy satisfecha. Pero le aseguro que mis deseos se detendrán allí, y después del martirio no querré nada más".*

A pesar de la habitual austeridad con la que solía renunciar a los más pequeños gustos y comodidades, Rosa Filipina aprendió a cuidar su salud en el nuevo ambiente.

"La Madre Girard se reiría si pudiera verme cada mañana, tomando no sólo un poco de café sin azúcar, sino una gran taza de café tan azucarado como un jarabe. Viendo que yo no quería desayunar, la superiora me mandó que me aconsejara el médico; éste dijo que aquí desayunar es absolutamente necesario y que, en todo caso, sería mejor no tomar la cena. Así que esto es lo que hago ahora".
(Carta de Nueva Orleans a Madre de Gramont en París, Junio de 1818)

Durante seis semanas las religiosas permanecieron en Nueva Orleans para recuperarse del viaje y escribieron a Francia interesantes observaciones sobre lo que experimentaban. El 12 de Julio iniciaron un largo viaje de otros cuarenta días por el río Misisipi hasta San Luis en el barco a vapor "Franklin". Sólo desde 1811 se estaban utilizando los barcos a vapor en el Misisipi y el viaje seguía siendo peligroso. Felizmente, esta vez, el "Franklin" hizo el viaje de manera segura, a pesar del inconveniente de haber encallado en un banco de arena durante diecinueve horas.

En sus primeras semanas y meses en Estados Unidos, Rosa Filipina siempre buscaba maneras de contar sobre su nuevo hogar a quienes había dejado en Francia, religiosas y estudiantes. Utilizó muy bien su desarrollada capacidad de observación para grabar lo que veía y escuchaba. A través de cartas y relatos, describe plantas, flores, animales y aldeas tal como los ve y también como se lo cuentan; algunos relatos resultan extravagantes, pero sin embargo, son una lectura fascinante para su lejana audiencia. Algunas de sus descripciones a las estudiantes casi podrían haber servido como lecciones de biología:

"*A medio camino de Nueva Orleans cambia el escenario: los bosques ya no son sólo maleza; son grandes árboles de buena madera: encinas, sicomoros, nogales, altísimos álamos y sauces. Al borde del río hay grandes palmeras con hojas enormes, que unidas por los tallos forman un gran abanico. Con estas hojas se hacen escobas y, ya secas, hermosos sombreros de paja y canastas tejidas por los indios. Las pintan con diferentes diseños para formar diversas combinaciones que usted verá. Los indios mexicanos son artistas naturales y hacen innumerables cosas muy hermosas de conchas.*

Para terminar, quiero contarles respecto a las orillas del Misisipi, les diré que cerca de Nueva Orleans desaparecen estos árboles. Las zonas son pantanosas y poco adecuadas para la buena vegetación. Las vides no prosperan y se secan, las cerezas y las grosellas no producen frutas; las mejores ciruelas son como las peores de nuestra tierra; igual sucede con los duraznos y las verduras que son muy caras. A los higos y las naranjas les va bien, pero este invierno, que fue extremadamente frío para la región, hizo que muchas naranjas murieran y en los mejores años no se comparan con las de Cuba. Nos dieron algunas en el viaje, eran mucho mejores que las de Francia, también nos dieron piña y plátanos. Cuba también exporta tabaco y caña de azúcar, que no puede madurar para lograr todo su dulzor porque aquí la comemos cruda. El tipo de azúcar refinada proviene de Francia y también es cara».

(Carta a las estudiantes de París y Grenoble, 3 de junio de 1818)

5

A SAN CARLOS EN EL MISURI

EL SAN LUIS al que llegaron las cinco religiosas el 22 de agosto fue fundado en 1764 por los franceses comerciantes de pieles Jean-Pierre Laclede y René-Auguste Chouteau en una ubicación estratégica en el río Misisipi, cerca de su confluencia con el Misuri. Rápidamente se convirtió en un importante centro del comercio de pieles hacia el norte y el oeste. Una vez llegadas a San Luis, las Hermanas recibieron por corto tiempo hospitalidad de la familia Bernard Pratte. El general Bernard Pratte, junto con Pierre Chouteau, estaban considerados entre los residentes más ricos de la ciudad. Ambos fueron agentes principales del auge del comercio de pieles que venía por el río Misuri y, aunque Rosa Filipina no escribió nada al respecto, es probable que en el verano de 1818, durante su estancia en la casa de Pratte, conociera a William Clark de la famosa expedición de Lewis y Clark, 1804-1806, y que era en ese momento gobernador del territorio de Misuri.

El deseo de la Madre Barat y también lo que habían entendido las Hermanas, era que se establecerían en San Luis. Sin embargo, al no encontrar allí una casa adecuada para ellas, el Obispo Dubourg las envió al oeste, a San Carlos, una ciudad pequeña cerca del río Misuri a unas veinticinco millas de distancia. Había sido fundada para el comercio de pieles por Luis Blanchette en 1769; debido a su ubicación entre el río Misuri y algunas colinas. La zona era conocida como *"Les Petites Côtes"* y pasó a llamarse San Carlos Borromeo durante el control español de 1762 a 1800. Las religiosas llegaron a San Carlos el 7 de septiembre de 1818, y fueron recibidas en su nuevo hogar, la "Mansión Duquette" alquilada al señor Francisco Duquette y su esposa. Estaba situada en un terreno ligeramente elevado sobre el nivel del río Misuri y la ciudad se extendía hacia abajo. La casa tenía siete habitaciones, una grande al frente y por detrás, tres más pequeñas a ambos lados de un corredor central. La casa fue dedicada a San Francisco Regis, según un voto que Filipina había hecho en Francia.

Mansión Duquette.

Una semana después, el 14 de septiembre de 1818, las religiosas abrieron la escuela gratuita, primera escuela del Sagrado Corazón en el Nuevo Mundo, y poco después, el 3 de Octubre, tres estudiantes llegaron para iniciar el internado. Las primeras internas fueron las hijas de Bernardo Pratte el anfitrión de las religiosas en San Luis: Emilia y Teresa Pratte y su prima, Pelagia Chouteau, hija de otra prominente familia de San Luis.

Desde su infancia, Rosa Filipina había soñado con ir a educar y convertir a los nativos de América conocidos en Francia como *"les sauvages"*. Pero igual que en muchos sueños románticos, éste se cumpliría en una realidad muy diferente de lo que ella había imaginado. Cuando Rosa Filipina y sus compañeras llegaron a Misuri, la población era casi toda francesa y católica, pero el movimiento de los protestantes estadounidenses desde el Este hacia el Oeste estaba ya en camino. Además, la zona en la que Filipina debió pasar el resto de su vida había sido vendida al Gobierno de los Estados Unidos en la *'Compra de Luisiana'* de 1803. Luego, tres años después de la llegada de Filipina, en 1821, Misuri fue admitido en la Unión como un Estado donde la esclavitud era legal. Esto se hizo para equilibrar la admisión simultánea de Maine como un Estado libre.

Por tanto, casi inmediatamente después de su llegada, Rosa Filipina y sus acompañantes se encontraron viviendo, no en una colonia francesa, ni siquiera en un territorio meramente estadounidense, sino en los Estados Unidos, algo que no habían esperado. Sin embargo, no existe evidencia de que Filipina o cualquiera de sus primeras compañeras se hayan convertido en ciudadanas estadounidenses. Lo más probable es que siguieran siendo ciudadanas de Francia.

Desde el principio, todas las religiosas se dieron cuenta de lo importante que era aprender inglés en esta tierra que cambiaba rápidamente. Se sabe que Octavia Berthold ya hablaba latín, italiano e inglés con fluidez. Las otras estudiaron inglés antes de partir y durante el viaje. Eugenia aprendió lo suficientemente bien, aunque la Madre Duchesne escribió que a los estadounidenses les resultaba difícil entender su acento. Para Rosa Filipina, que carecía de facilidad para los idiomas, el inglés le resultó una dificultad toda la vida. Con el paso de los años, aprendió a leerlo y entenderlo, pero a pesar de las muchas ocasiones en que tuvo que hablarlo, nunca se sintió capaz de hacerlo fluidamente.

Aisladas en San Carlos, el grupo de misioneras sufrió mucho por la falta de comunicación con el exterior. Las cartas tardaban en llegar y algunas veces se perdían. Pasaron meses escasamente comunicadas con la vida que habían dejado atrás. Para Rosa Filipina, se añadía otra dificultad: el encargo de ser superiora de la comunidad religiosa sólo porque era la religiosa más antigua y la elección evidente. A pesar de que ella tenía una increíble capacidad de observación y era una buena escritora, no tenía experiencia en este tipo de liderazgo y no sabía cuál era la mejor manera de guiar o dar cuenta de las religiosas a su cargo. En esta situación de estrés, ella a menudo solía ser más crítica que comprensiva. También criticaba a muchos de los estadounidenses que conoció, los consideraba amantes de la independencia y el lujo.

Otro desafío aún más importante para las misioneras fue adaptarse a una cultura en la que las normas del estatus social del Viejo Mundo no encajaban. Todas las personas libres se consideraban iguales socialmente; aunque, irónicamente, se legitimaba la esclavitud, es decir la mayor desigualdad social. El hecho de que el nuevo Estado de Misuri hubiera sido admitido en la Unión como un Estado en el que la esclavitud podía continuar, creó todavía mayores dificultades para las religiosas, que no querían esclavos. Sin embargo, como Rosa Filipina escribiría en una carta a su prima Josefina el 27 de agosto de 1820, las hermanas habían descubierto que la mayoría de los blancos nunca harían el tipo de trabajo doméstico que ellas tenían que hacer por necesidad.

A pesar de que la esclavitud no le gustaba, Rosa Filipina no era inmune a los estereotipos negativos de los blancos respecto a los esclavos y los repetía algunas veces en sus cartas. Sin embargo, al cabo de poco tiempo, señaló que ya estaba pensando en alguna forma de recibir en la vida religiosa a las mujeres negras. En una carta a la Madre Barat el 15 de noviembre de 1819, reconociendo la imposibilidad de incorporar negras en la comunidad en ese momento, sugirió una especie de "tercera orden" de hermanas externas. Aunque su idea no se pudo realizar, y las niñas negras no pudieron ser aceptadas en el internado o en la escuela diurna, las religiosas les dieron educación básica siempre que fue posible. Poco más de una década después, Rosa Filipina volvería a plantear con el Obispo Rosati la cuestión de una "orden" especial, como anota en una carta fechada el 11 de abril de 1831. Pero nada parece haber surgido de sus propuestas.

Esta tensión entre la igualdad y la desigualdad era evidente incluso dentro de la comunidad de religiosas, que continuaron distinguiendo entre Religiosas de Coro y Hermanas Coadjutoras. La diferencia era bastante visible, ya que usaban hábitos diferentes. Ya en 1819, el Obispo Dubourg les había dicho a las misioneras que tener dos clases de religiosas no funcionaría en la cultura estadounidense. Sin embargo, Rosa Filipina se aferró tenazmente a la tradición, manteniendo lo que se hacía en Francia con una jerarquía social reglamentada. Las religiosas también necesitaron revisar su visión sobre la clausura, que simplemente era imposible de mantener en el Nuevo Mundo. Aunque no salieran de casa, no tuvieron más remedio que recibir a muchos visitantes curiosos.

Las iglesias protestantes abundaban en el entorno fronterizo, y fieles a sus antecedentes europeos de contrarreforma, el pequeño grupo de Hermanas consideraba que las iglesias protestantes eran heréticas. Sin embargo, aceptaron a niñas protestantes en sus escuelas, por supuesto esperando convertirlas. Sintieron una fuerte competencia con los misioneros protestantes que a menudo tenían más éxito en obtener conversiones. A pesar de que las misioneras estaban penetradas de una espiritualidad del amor desde su formación en la devoción al Sagrado Corazón, conservaron elementos jansenistas del rígido movimiento religioso consolidado en Francia. El afán de Rosa Filipina por la confesión sacramental nos llama la atención, siendo así que ella casi no tenía ocasión de pecar. Posiblemente la confesión hubiera sido el medio para tener una dirección espiritual personal, que estas religiosas necesitaban urgentemente en una tierra extraña. Sin embargo, experimentaban profundamente la inquietud de ser infieles a la Gracia, lo que mantenía a Rosa Filipina y a muchas otras en permanente temor, por lo que una espiritualidad más positiva les hubiera sido más útil. En la Iglesia Católica del siglo XIX, los sacerdotes eran considerados expertos en asuntos religiosos por su educación y ordenación. Si bien líderes espirituales femeninas fuertes como Sofía Barat pudieran orientar espiritualmente, la autoridad recaía en los sacerdotes que se educaban en el Seminario, aunque no siempre desempeñaban las obligaciones del cuidado pastoral de las hermanas. Debe haberles parecido doloroso y a veces difícil, recibir el único consejo espiritual disponible en el sacramento de la confesión, a través de las mismas personas con quienes las hermanas tenían que tratar asuntos de negocios.

6

A FLORISSANT EN EL CAMPO

AUNQUE VALIENTE Y AUDAZ, el Obispo Dubourg no era un administrador realista, y tomó decisiones arbitrarias que afectaron el bienestar de las religiosas. Sólo un año después de instalarlas en San Carlos, encontró terreno para ellas en San Fernando, Florissant, al este de Misuri, más cerca de San Luis, e insistió en que salieran y se instalaran de nuevo. Debido a la insistencia del Obispo, las religiosas no tuvieron más remedio que mudarse en septiembre de 1819, poco tiempo antes del inicio de clases, aunque la casa tardaría aun otros tres meses en estar lista. Mientras tanto se acomodaron provisionalmente e iniciaron la escuela en una antigua granja propiedad del Obispo.

La nueva casa de San Fernando recién estuvo lista para que terminaran de instalarse en medio de intenso frío y nieve a fines de diciembre justo en los días previos a Navidad. En sus cartas, Rosa Filipina describe la gran dificultad para conducir a las vacas a través de la nieve, y cómo se le cayó una bolsa llena de objetos de valor, incluido su reloj, que tuvo que buscar entre montones de nieve. La primera misa en el nuevo convento fue la de medianoche en la víspera de Navidad de 1819. Para 1820, el internado contaba con diecisiete niñas, que juntas escribieron a la Madre Barat en Francia

para felicitarla por su fiesta. El mismo año, se inauguró un novi-
ciado en Florissant, que comenzó a prosperar casi enseguida. Para
1821 había seis novicias, tres de ellas estaban entre las diecisiete
estudiantes que habían escrito a la Madre Barat el año anterior. En
agosto del mismo año, 1820, Rosa Filipina aún deseaba llegar más
lejos y escribe a Sofía su deseo de ir al Perú—pero esta vez sabía
que Florissant será su casa por un buen tiempo.

Se vio la necesidad de establecer un Santuario de San Francisco
Regis en la nueva Iglesia, para cumplir el voto de Rosa Filipina.
En 1821, el Obispo Dubourg donó un cuadro muy grande de la
glorificación de San Francisco Regis. Fue colgado con orgullo en

Muerte de San Francisco Regis
Academia del Sagrado Corazón, Saint Charles, Misuri, Artista desconocido.

la capilla de las hermanas en Florissant, donde permaneció hasta 1840, cuando la Madre Galitzine, que no entendía la razón del Santuario, ordenó suprimirlo. El cuadro permaneció guardado en el almacén hasta 1847, cuando fue llevado al colegio en San Carlos, donde hoy se encuentra.

Sólo tres años después de la llegada de las misioneras a Misuri, en 1821, volvían a Luisiana para establecerse en una pequeña ciudad del río Misisipi llamada Grand Cotea u Opelousas, donde una viuda, la Sra. Smith, estaba ofreciendo terrenos y una casa. Esto significó separar el pequeño grupo de cinco religiosas que juntas habían atravesado el océano y tomar conciencia que ya había comenzado un flujo de nuevas vocaciones estadounidenses y también que desde Francia se habían prometido nuevas misioneras. El 5 de agosto de 1821, la Madre Eugenia Audé y la novicia Mary Layton abordaron un barco a vapor para que Luisiana fuera la segunda comunidad y escuela del Sagrado Corazón en América. Cuando dos nuevas religiosas llegaron de Francia a principios del

Foto de archivos

Casa original, Grand Coteau, Luisiana

año siguiente, una, Xavier Murphy, fue a Opelousas, donde se convertiría en superiora cuatro años más tarde, cuando Eugenia inició una nueva fundación en San Miguel, Luisiana. La otra recién llegada, Lucila Mathevon, viajó al norte a San Luis. Más tarde, sería la fundadora de San Carlos en 1828 y, finalmente, la líder de la primera misión con los nativos americanos en Sugar Creek en 1841.

7

PRIMERA VISITA A LUISIANA

DESDE SU SALIDA DE FRANCIA EN 1818, Rosa
Filipina había sido nombrada superiora y, debido a la distancia,
había recibido ciertos poderes sobre las nuevas fundaciones que
normalmente las superioras no tenían. La reciente fundación
en Grand Coteau, hábilmente dirigida por la agradable Madre
Eugenia Audé, comenzó a florecer rápidamente. En 1822,
año siguiente al que las religiosas llegaran al sur, Rosa Filipina
decidió hacer el largo viaje por el Misisipi para visitar la nueva
casa en Luisiana. La acompañaba Teresa Pratte, una estudiante
de Florissant e hija de la familia Pratte, en cuya casa se habían
alojado las misioneras cuando llegaron por primera vez a San
Luis. La joven deseaba volver a ver a su querida Madre Eugenia
y luego regresar a San Luis con la Madre Duchesne.

Cuando las religiosas subieron por primera vez por el río Misisipi de Nueva Orleans a San Luis en 1818, el viaje en barco de
vapor era algo nuevo, lo más moderno y, aun así, ese viaje había
durado seis semanas. Esta vez, cuatro años después, el viaje en
barco de vapor río abajo hasta desembarcar en Plaquemine tomó
solo diecisiete días. Pero luego vino el tortuoso viaje en bote de
remos a través de los pantanos de Louisiana a Grand Coteau.

La visita en sí fue sin incidentes. Una de las internas del colegio, Mary Ann Hardey, fue quien leyó en francés el discurso de bienvenida para la distinguida visitante. Años después, como Madre Aloysia Hardey (1809-1886), lideraría fundaciones en el Este de los Estados Unidos, Canadá y Cuba, y se convertiría en la primera Asistenta General estadounidense en la Casa Madre de París en 1872.

El regreso a San Luis fue catastrófico. Rosa Filipina y Teresa Pratte, la estudiante que viajaba con ella, fueron a Nueva Orleans para abordar el barco de vapor "Hecla" para el viaje de regreso por el Misisipi. Les habían asegurado que no había fiebre amarilla en Nueva Orleans, pero cuando llegaron, se había producido un brote grave. Filipina lo contrajo antes de abordar el barco de vapor hacia el norte. Al segundo día, murieron tres personas en el barco, ¡incluyendo al capitán y al primer oficial! Filipina y Teresa tuvieron que desembarcar en Natchez, donde una familia del lugar les dio hospitalidad. Sólo después de casi tres meses pudieron regresar a su hogar en San Luis en el barco de vapor "Cincinnati".

Filipina regresó a su vida en Florissant con la pequeña comunidad, un número creciente de novicias y una granja que en 1823 incluía siete vacas y sesenta gallinas. Durante estos años, hay referencias frecuentes a una fundación en Nueva Orleans, pero por varias razones, nunca se produjo. En cambio, Eugenia Audé hizo otra fundación en 1825 en un lugar más cercano a esa ciudad, a lo largo de las orillas del Misisipi en San Miguel. Eugenia tuvo mucho éxito dondequiera que iba, y comenzó a asumir una relativa independencia con respecto a la autoridad de Filipina, quien habitualmente se comparaba desfavorablemente con los demás. En esa época se pensó enviar a Rosa Filipina hacia el sur a una de las casas de Luisiana porque les estaba yendo muy bien, pero ella se opuso tenazmente. Florissant era pobre y a ella le gustaba de esa manera.

Casa original, San Miguel, Luisiana, 1825

Un atractivo adicional de Florissant fue la llegada de los Jesuitas en 1823. El Obispo Dubourg deseaba establecer en Misuri una escuela para nativos americanos y un seminario para la formación de futuros misioneros; con este fin, ofreció a los Jesuitas un valioso terreno que poseía. El contingente jesuita llegó a Maryland en mayo de 1823: dos sacerdotes, tres hermanos legos, siete novicios belgas jóvenes y tres parejas de jóvenes negros, todos bajo la dirección del Padre Charles Félix Van Quickenborne. Entre los novicios, que vinieron a Maryland en 1821 para trabajar en la misión, hubo dos que desempeñaron roles de importancia histórica en la región. Uno fue Peter J. Verhaegen, quien después sería el sacerdote que insistió para que Rosa Filipina se incluyera en el grupo misionero de Sugar Creek, y quien también presidió el funeral de Rosa Filipina en 1852 en San Carlos. El otro fue Peter Jan De Smet, que se convertiría en un famoso misionero del Oeste. Rosa Filipina y el resto de su comunidad en Florissant se alegraron con la imprevisible llegada de apoyo espiritual jesuita al que habían estado acostumbradas en Francia; aunque esta relación cordial se veía perturbada a veces por fuertes roces entre el Padre Van Quickenborne y la superiora. Este sacerdote fue quien una vez, a raíz de un desencuentro con Rosa Filipina, le prohibió en confesión que recibiera la comunión en la próxima fiesta del Sagrado Corazón y, por lo tanto, que renovara sus votos con la comunidad. En esa situación, lo único que se le ocurrió a Filipina para evitar el escándalo de que la superiora no recibiera la comunión ni renovara los votos, fue quedarse en cama todo el día fingiendo estar enferma.

Hacia 1825, Rosa Filipina parecía preocupada por la muerte y cómo proteger a los que la rodeaban si ella moría. Esto tal vez haya sido por la rudimentaria práctica médica del lugar y por las numerosas muertes que ella veía a su alrededor. Filipina no murió, pero abandonó su querido Florissant en 1827 para comenzar una cuarta fundación, esta vez por fin en San Luis, gracias al donativo de John Mullanphy. Exitoso inmigrante irlandés, Mullanphy fue uno de los hombres más ricos de la ciudad y generoso patrocinador de las obras sociales para los necesitados. Una de las condiciones para donar el terreno y la casa a la Sociedad del Sagrado Corazón fue que la Escuela recibiera hasta veinte niñas huérfanas, seleccionadas por él o por sus hijas. Según el acuerdo, él o más tarde sus herederos, proporcionarían diez dólares por cada niña al ingresar y cinco dólares cada año siguiente, cantidad que incluso en ese entonces era insuficiente. El resto tenía que ser compensado por los ingresos de la casa u otras donaciones. Sin embargo, Mullanphy continuó teniendo en cuenta a los pobres de la ciudad: al año siguiente, también estableció en San Luis el primer hospital, atendido por las Hermanas de la Caridad. El nuevo Internado en la ciudad se inauguró el 17 de septiembre de 1827. La nieta del señor Mullanphy, Ann Biddle Chambers Thatcher (1828-1913); años después en 1900, daría testimonio para la Causa de beatificación de Rosa Filipina. El trabajo del orfanato en la "Casa de la Ciudad" (como llamaron a la fundación en San Luis) continuaría hasta 1947.

8

PARTIDA DEL OBISPO DUBOURG Y REGRESO A SAN CARLOS

EL OBISPO DUBOURG estaba cada vez más agobiado por problemas y controversias. Visitó San Luis por última vez en 1826 antes de partir hacia Francia, donde renunció a su nombramiento episcopal. Antes de irse no había dicho nada sobre su dimisión, así es que la noticia llegó por sorpresa. Su Coadjutor, José Rosati, un sacerdote vicentino italiano, llegado anteriormente y muy apreciado por Dubourg, fue nombrado inmediatamente Administrador Apostólico de la Diócesis. Sin embargo, antes de su consagración como Obispo, se dividió la Diócesis, y Mons. Rosati se convirtió en el primer Obispo de San Luis en marzo de 1827; permaneció como Administrador Apostólico de la nueva Diócesis de Nueva Orleans hasta 1829. Rosati continuó siendo Obispo de San Luis durante todo el tiempo que Rosa Filipina ocupó el cargo de superiora. Su relación era estrecha y ella recurría a él con frecuencia. Se conservan ciento cuarenta y ocho de sus cartas.

Habían transcurrido varios años desde que las Hermanas salieron de la primera casa en San Carlos en 1819; durante este tiempo hubo frecuentes conversaciones con quienes querían que regresaran las religiosas, y con los jesuitas que estaban construyendo una iglesia de piedra en la misma propiedad. En 1828, Lucile Mathevon y Mary Ann O'Connor reabrieron la comunidad en San Carlos, y el colegio se inició el 10 de octubre. Continuaron viviendo y trabajando en el antiguo edificio Duquette hasta 1835, cuando se construyó uno nuevo más abajo de la colina. La casa Duquette permaneció en uso hasta 1858.

Mientras tanto, en el sur, una tercera casa fue fundada en Luisiana, en La Fourche, al oeste de Nueva Orleans, por Elena Dutour, que había llegado de Francia el año anterior. La Sociedad estaba experimentando un crecimiento asombroso en su nuevo hogar estadounidense: diez años después de la primera llegada había seis casas del Sagrado Corazón en América, tres en el sur y tres en Misuri. El número de religiosas había aumentado a veintisiete, de las cuales sólo once procedían de Europa. Además, había veinticinco novicias estadounidenses.

La falta de privacidad y la resistencia estadounidense a las diferencias sociales entre religiosas y estudiantes continuaron presentando dificultades. El modelo importado de Francia consistía en Pensionados de paga para estudiantes internas de las clases de élite y Escuelas Gratuitas diurnas para las niñas pobres. Entre estos dos tipos de instituciones, estaban apareciendo los Externados: escuelas para estudiantes diurnos de las clases medias emergentes, pero este nuevo modelo a menudo era rechazado por personas de mentalidad tradicional que no se daban cuenta de la nueva y cambiante realidad social. El nuevo modelo también fue implementado en América, sin embargo, la cuestión de estudiantes diurnas de paga había quedado sin resolver hasta ese momento. Muchos padres que podían pagar querían la educación del Sagrado Corazón para sus hijas, pero no estaban dispuestos a dejarlas internas casi todo el año. Los padres de las estudiantes internas también presionaban para tener más contacto con sus hijas, presión que Rosa Filipina resistía con firmeza, pues consideraba que el ambiente de aislamiento total del convento era ideal para la formación del carácter y, en sus cartas, a menudo lamentaba el efecto negativo del contacto con las familias y de las visitas de las alumnas internas a sus casas.

Además del Internado y de la Escuela Diurna, en Florissant habían intentado establecer una pequeña Escuela para niñas nativas americanas, a partir de 1825, al mismo tiempo que los Jesuitas comenzaron su Escuela para varones nativos americanos. Los intentos duraron sólo dos años. Los nativos americanos no querían estar allí, lejos de sus familias, y les resultaba imposible quedarse durante largos períodos al estilo europeo. Con frecuencia se escapaban. En San Luis, había estudiantes internas, estudiantes externas y el orfanato. En todos los casos, cada grupo permanecía separado de los demás para recibir instrucción y cuidado. Es difícil imaginar cómo se logró eso siendo grupos tan pequeños en lugares cerrados.

9

SEGUNDO VIAJE A LUISIANA, 1829

HACIA 1829, había tensiones entre las tres casas de Luisiana, que competían por el personal y las estudiantes. La Madre Barat pidió a la Madre Duchesne que hiciera el viaje al sur una vez más para convocar en Consejo a las tres superioras de Luisiana, las Madres Eugenia Audé de San Miguel, Xavier Murphy de Grand Coteau y Elena Dutour de La Fourche. Magdalena Sofía encargó a Rosa Filipina que lo presidiera e intentara resolver algunas dificultades respecto a los objetivos de las diferentes obras y la potencial competencia entre ellas. Esta vez, el viaje en ambas direcciones se realizó sin problemas, pero el resultado de la visita fue ambiguo. La Madre Duchesne conversó con las tres superioras en San Miguel, pero las reflexiones de Rosa Filipina no fueron compartidas por estas tres mujeres independientes, que defendieron cada una su propio territorio. Antes de salir de Luisiana, Filipina visitó también las otras dos casas. Después de más de tres meses de salir de San Luis, había regresado a salvo, pero en su viaje no había logrado nada. San Miguel, bajo la dirección de la Madre Audé, continuó floreciendo, al igual que Grand Coteau bajo la dirección de la religiosa nacida en Irlanda, Xavier Murphy. La Fourche, acosada por problemas acumulados y deudas, cerraría en 1832.

Eugenia Audé había adquirido la costumbre de ignorar la autoridad de Rosa Filipina, a pesar de que ésta había sido nombrada su superiora. Ella trataba directamente con la Madre Barat y llegó al extremo de decirle que la Madre Duchesne no era la persona adecuada para ser superiora; un tema en que la misma Filipina había estado insistiendo durante años. Quedaba muy claro que las casas de San Luis no estaban floreciendo como las de Luisiana. En una carta a Rosa Filipina, fechada el 31 de octubre de 1831, Sofía planteó la idea de fusionar Florissant y la Casa de la Ciudad, pero el Obispo Rosati no estuvo a favor y la idea fue descartada.

Además, pareciera que la Madre Barat también habría recibido quejas de algunas Religiosas de San Luis. Esta vez ella aceptó y trató de relevar a Rosa Filipina de su cargo. Su carta del 30 de noviembre de 1831 debe haber alegrado a su destinataria. En dicha carta la Madre Barat alude al orden, la calidad de la educación e incluso la limpieza, todo dicho con amabilidad: *"El cielo sabe que no te culpo, querida Madre, pero se está volviendo demasiado para ti"*[1]. Sin embargo, cuando el obispo Rosati fue informado que pensaban relevar del cargo a la superiora, no estuvo de acuerdo. Más bien, escribió una carta muy fuerte a la Madre Barat en la que elogió a Rosa Filipina como una persona ampliamente respetada, a quien nadie podría reemplazar, que había hecho todo lo que se podía hacer y a la que no se podía culpar por la falta de éxito, todo lo contrario de lo que otros e incluso la misma Filipina, le habían dicho a la Madre Barat, que tuvo que acceder a los deseos del Obispo. La Madre Duchesne siguió siendo superiora en la Casa de la Ciudad.

---

1 Esta carta de Magdalena Sofía Barat a Filipina incluye la famosa afirmación de Magdalena Sofía que se suele citar, generalmente fuera de contexto: "Los tiempos cambian y nosotros también debemos cambiar, y modificar nuestros puntos de vista".

10

TIEMPOS DE EXPANSIÓN Y DE PÉRDIDAS

CONTINUABA EL PERÍODO de rápido crecimiento en el número de religiosas. Para 1830, la Sociedad en Misuri y Luisiana contaba con veintitrés novicias y cuarenta y cinco Profesas, de las cuales sólo catorce eran de Europa. Este crecimiento de la Sociedad del Sagrado Corazón en América es paralelo al crecimiento general de la población en la región central del continente. Durante estos años, el rápido aumento de los estadounidenses de habla inglesa del este, seguidos por los inmigrantes alemanes y luego los irlandeses, fue cambiando el carácter de la tierra a la que habían llegado las misioneras. El inglés era cada vez más necesario y Rosa Filipina nunca se sintió segura al hablarlo. Esto creó una gran brecha entre ella y las estudiantes y religiosas que no sabían francés, lo que la hizo sentir aún más inútil a pesar del éxito evidente de las obras.

El 16 de septiembre de 1833, Octavia Berthold murió en la comunidad de Filipina en San Luis a la edad de cuarenta y seis años, era la primera en morir del grupo original venido de Francia en 1818. Había sufrido valientemente durante algunos años con lo que parece haber sido un cáncer de garganta. Fue un momento aleccionador para Rosa Filipina. Quizás esa fue la razón por la que, durante estos años, a menudo volviera a la idea de la muerte en sus cartas a la Madre Barat. Sin embargo, a pesar de esa preocupación, ella viviría otros diecinueve años más y vería morir a todas sus compañeras venidas en el primer grupo.

11

REGRESO A FLORISSANT

EN 1834, ROSA FILIPINA REGRESÓ a su querido San Fernando en Florissant, todavía como superiora. Durante estos años, pidió en casi todas las cartas a Sofía Barat que la relevaran de ese cargo, que nunca había querido y en el que continuamente se comparaba desfavorablemente con otras personas a quienes consideraba más exitosas en este liderazgo.

En el Consejo General de la Sociedad en noviembre de 1833, en Francia, Eugenia Audé fue elegida en ausencia, después de consultar a las religiosas en América, como Asistenta General para América, con el encargo de visitar todas las casas y luego regresar a Francia para dar cuenta. Esta noticia no llegó a San Luis hasta marzo de 1834. En abril, la Madre Audé pasó por San Luis de camino a Francia. En octubre de 1836, la Madre Barat escribió que ya no deberían esperar el regreso de Eugenia debido a su delicada salud. Murió, como superiora en la Trinità del Monte en Roma el 6 de marzo de 1842, a la edad de cincuenta y un años, mientras que Rosa Filipina se encontraba por fin entre los Potawatomi de Sugar Creek.

Finalmente, en 1840, Elizabeth Galitzine, Visitadora General de París, relevó a Filipina del cargo de superiora, que había desempeñado durante veintidós años. *El Diario de la Sociedad en América,* que ella había mantenido fielmente desde su llegada en 1818, dejó de ser escrito por esta valiente pionera. Se retiró de Florissant a la Casa de la Ciudad en San Luis, desde ese momento era sencillamente una hermana mayor muy venerada en la comunidad.

12

EL SUEÑO SE HACE REALIDAD

AUNQUE TENÍA SETENTA Y UN AÑOS, Rosa Filipina finalmente quedaba libre de realizar su verdadero sueño, y lo que había deseado fuera el trabajo de su vida: ¡los nativos americanos! Estaba cada vez más entusiasmada con las posibilidades de ir hacia el oeste hasta la frontera, donde podría cumplir con su propósito al venir a América, un objetivo que hasta ahora se había visto continuamente frustrado por la necesidad de construir cimientos sólidos en los centros de rápido desarrollo de expansión americana.

El Padre Peter Verhaegen, S.J. había llegado a San Luis pidiendo hermanas para unirse a la misión Jesuita con los Potawatomi en Sugar Creek, Kansas. En septiembre de 1838, más de 800 hombres, mujeres y niños nativos fueron puestos bajo control militar y marcharon de Indiana a Kansas en el "Camino de la Muerte". Más de cuarenta nativos entre los más débiles y ancianos murieron. En 1841, cuatro Religiosas del Sagrado Corazón respondieron al llamado del Padre Verhaegen para conformar la misión con los nativos americanos. Se pensaba que Rosa Filipina era tan frágil que podría morir cualquier día, pero su energía volvió al pensar en realizar su ansiado sueño. Es conmovedora la historia, que relata

Lucila Mathevon. El grupo de religiosas estaba sentado en el salón de la Casa de la Ciudad con el Padre Verhaegen discutiendo el proyecto, cuando de repente él se dio cuenta que Rosa Filipina no estaba incluida en los planes. Inmediatamente insistió en que ella tenía que ir, aunque tuvieran que llevarla cargada.

Las cuatro Religiosas del Sagrado Corazón salieron de San Luis el 29 de junio de 1841 con el Padre Verhaegen. Además de Rosa Filipina, estaban las Madres Lucila Mathevon y María Ana O'Connor, ambas de San Carlos, y Luisa Amyot (o Amyotte) de la Casa de la Ciudad en San Luis. Las tres morirían en la misión de los nativos americanos años más tarde. Filipina esperaba morir allí también.

En pocos días llegaron a "la tierra de nuestros deseos", como escribió Rosa Filipina a Magdalena Sofía a finales de julio. La alegría de la Madre Duchesne por estar allí, pronto se vio ensombrecida por su incapacidad para aprender el lenguaje difícil, más aún cuando observaba a algunas de sus compañeras aprendiendo algo con bastante rapidez. Durante su estancia en Sugar Creek, Rosa Filipina recibiría noticias sobre la muerte en Grand Coteau de Margarita Manteau, la segunda en morir de sus primeras compañeras, el 4 de julio de 1841, con sesenta y dos años de edad. Quizás allí también le habrá llegado la noticia de la muerte en Roma de su tercera compañera, Madre Eugenia Audé, el 6 de marzo de 1842. Ya sólo quedaban Filipina y Catalina Lamarre.

La vida en Sugar Creek era increíblemente dura, sin embargo, Filipina la disfrutó. No podía comunicarse con los nativos americanos, pero la veneraban por sus largas horas de oración, llamándola "la mujer que siempre está orando" y venían con reverencia a besar el dobladillo de su hábito. Mientras que Filipina escribía que estaba revitalizada por su nueva aventura y que buscaba ir aún más al oeste, las otras hermanas estaban muy preocupadas por su salud en condiciones tan difíciles. La superiora, Lucila Mathevon, sufría por ella sin cesar. La Visitadora, Madre Elizabeth Galitzine estuvo allí un corto tiempo en primavera e informó sobre la frágil salud de Rosa Filipina. El nuevo Obispo Kenrick, que reemplazó al Obispo Rosati a quien se le asignó una nueva misión en 1840, realizó una visita a Sugar Creek y trató de convencerla de que regresara a San Luis. Después de los informes de las Madres Galitzine y Mathevon, la Madre Barat estuvo de acuerdo. No existe ninguna carta de Magdalena Sofía a Filipina en ese momento, pero en una a Lucila Mathevon, superiora de la misión, fechada el 16 de abril de 1842, afirma que sería mejor que Filipina regresara a San Carlos, o a algún otro lugar donde ella deseara, y en otra para Regis Hamilton, superiora de San Carlos, fechada el 18 de abril, le pide que escriba a Filipina para invitarla a esa misma comunidad.

Así, el 19 de junio de 1842, poco menos de un año de su llegada a Sugar Creek, el Padre Verhaegen acompañó a Rosa Filipina a San Carlos, donde fue recibida por la comunidad. Sería su último lugar de residencia en esta tierra.

13

CUANDO EL GRANO DE TRIGO CAE EN TIERRA

LOS ÚLTIMOS AÑOS. 1842-1852

LA IMAGEN MÁS COMÚN DE ROSA FILIPINA durante esos últimos diez años es la de una anciana rezando en silencio en un rincón. Sin embargo, esto no es totalmente exacto. De hecho, pasó largas horas en oración, pero también participó en numerosas actividades. Durante la última etapa de su vida en San Carlos, la Sociedad en América se expandió a Nueva York, Pennsylvania, Detroit y Montreal. Rosa Filipina se mantuvo bien informada sobre las nuevas fundaciones en América, así como en Europa, y escribió a sus amigos allí. Leía asiduamente los *Anales de la Sociedad para la Propagación de la Fe* y recibía visitas frecuentes de misioneros que regresaban, como el Padre De Smet, quien a veces le pedía que le cuidara algunas niñas nativas americanas. Rosa Filipina estaba muy involucrada con las estudiantes del colegio, muchas de las cuales recordaron historias sobre ella cincuenta años más tarde cuando se les pidió que testificaran respecto a su santidad. Durante varios años, Rosa Filipina figura en el Catálogo de la Sociedad como Maestra en la Escuela Parroquial diurna, un hecho interesante en vista de la impresión general de que su inglés era pobre. Sobrevivieron mucho más tiempo los recuerdos sobre las obras teatrales que escribió para las niñas y lo que hizo cosiendo para los niños enfermos. El pequeño Museo en San Carlos conserva objetos que hizo para las niñas, como muebles para muñecas. Siempre fue hábil con la aguja, y cuando sus ojos ya no podían enhebrarla, llamaba a una o dos alumnas para que lo hicieran. Su correspondencia indica que participó activamente en la confección de ornamentos para numerosos sacerdotes. Escribió relatos y anotaciones que recordaban eventos importantes de la Sociedad y de la misión en América, tal vez para ejercitar su propia memoria. Hasta el final continuó en frecuente relación con familiares, amigos y ex novicias. El 5 de julio de 1845, recibió la noticia de la muerte de Catalina Lamarre en Florissant a la edad de sesenta y seis años; la última del primer grupo de misioneras, exceptuando a Rosa Filipina, quien quedaría como única sobreviviente, a pesar de ser la mayor del grupo.

Durante los años 1846-1847, hubo un desconcertante silencio de casi dos años entre Rosa Filipina y Magdalena Sofía. Hay muchos motivos posibles para explicarlo: dado que Filipina ya no era superiora, no tenía que dar cuenta a la Madre General y, además, habían recomendado abstenerse de escribir innecesariamente a la Madre Barat debido a su exceso de trabajo. Por otra parte, algunas veces las cartas se perdían en el camino. Otro motivo podría ser que cuando en junio de 1846 escribió abogando por la supervivencia de la casa de Florissant, la solicitud no había sido escuchada y tal vez Rosa Filipina sintió que era inútil escribir. Por otro lado, efectivamente, la Madre Barat estaba sobrecargada con la correspondencia y el gobierno durante esos años, y posiblemente se olvidó de escribirle a una vieja amiga con quien ya no tenía asuntos oficiales que tratar. Cualesquiera que hayan sido los motivos, Rosa Filipina lo sintió profundamente. Además, la Madre Regis Hamilton su amiga de confianza, que la había recibido en San Carlos en 1842, fue destinada en 1847 como superiora a

Saint-Jacques, Canadá, y luego a Eden Hall en Filadelfia, y luego a Detroit. Durante esos años, Rosa Filipina vivía con una superiora, Madre Emilia St-Cyr, que anteriormente había sido su novicia. La Madre Galitzine la había designado y, en opinión de Filipina, no tenía dotes de gobierno.

El silencio de Magdalena Sofía se rompió el 8 de septiembre de 1847, con la llegada de una visita especial: la sobrina de Rosa Filipina, Amelia (Aloysia) Jouve, ahora religiosa del Sagrado Corazón de camino a la misión en Canadá. Sofía había pedido a Aloysia que viajara de Francia a Canadá pasando por San Luis para visitar a su tía, a quien no había visto desde 1818. Aloysia se quedó dos semanas con Rosa Filipina. Le trajo una carta de la Madre Barat, que ya no existe, pero es aludida en la respuesta de la Madre Duchesne dos días después, el 10 de septiembre de 1847. Filipina se alegró mucho al recibir esta carta y compartió su felicidad de que la Madre Barat aún la recordara. Aloysia preguntó a su tía si había algo que pudiera hacer por ella, Rosa Filipina le hizo dos peticiones: recuperar del depósito al que había sido relegado en San Fernando, el gran cuadro de la Muerte de San Francisco Regis, regalo del obispo Dubourg en 1821; y traer de vuelta a la Madre Regis Hamilton, que estaba en Canadá, para que una vez más fuera la superiora en San Carlos. La pintura fue llevada a San Carlos, donde permanece hasta hoy, y Regis Hamilton regresó como superiora a dicha comunidad, pero sólo a partir de noviembre de 1851, un año antes de la muerte de Rosa Filipina.

El 8 de noviembre de 1850 Filipina recibió la noticia de la muerte de su querida prima y mejor amiga, Josefina Perier de Savoye-Rollin acaecida a la edad de ochenta años, el 23 de septiembre en Francia. *"Madre de los pobres y mi amiga más cercana"*, escribió al día siguiente. Sus contemporáneos se iban muriendo. Ella todavía permanecía en esta tierra.

14

AL CIELO Y MÁS ALLÁ

ROSA FILIPINA SE DEBILITABA gradualmente, y su muerte se produjo al mediodía del 18 de noviembre de 1852 mientras tocaban el Ángelus. Dos días antes, había recibido la visita de la Madre Ana du Rousier, Visitadora General, enviada de París para conocer todas las casas americanas. Era un día frío y lluvioso y la Madre du Rousier no se sentía bien, pero sabiendo que el tiempo de Rosa Filipina se estaba acabando, insistió en hacer el viaje desde San Luis. Efectivamente la encontró muy débil, pero en respuesta a una solicitud de bendición, Rosa Filipina pudo trazar una cruz en su frente. *"Todavía puedo sentir esa cruz"*, escribía la Madre du Rousier más tarde. La tradición oral dice que intercambiaron sus cruces de Profesión. En aquel momento, ninguna de los dos sabía que la Madre du Rousier sería la fundadora de una nueva casa del Sagrado Corazón en Chile el año siguiente y, más tarde, una en Perú, donde, según la tradición, llevaría la cruz de profesión de Filipina hasta su muerte[2].

---

2 De acuerdo con esta misma tradición oral, la cruz fue llevada después a la Casa Madre y dada por la Superiora General Mabel Digby a Janet Erskine Stuart quien la llevó hasta su muerte. Hoy la cruz se conserva en los Archivos Generales de la Sociedad en Roma.

En el momento de la muerte de Rosa Filipina, el Padre Peter Verhaegen, SJ, el mismo querido amigo que había insistido en que ella viajara a la misión de Kansas y el año siguiente la había llevado a San Carlos, era el Párroco de la Parroquia jesuita de San Carlos Borromeo, situada al lado del Convento en San Carlos. Así pues, el Padre Verhaegen se convirtió en el sacerdote que realizó el funeral y el entierro de Filipina en el cementerio del convento. En el registro parroquial escribió:

"El 20 de Noviembre de 1852, yo, el abajo firmante, enterré los restos mortales de Madame Filipina Duchesne, profesa religiosa de la Sociedad del Sagrado Corazón, con 83 años de edad.

Madame Duchesne era nativa de Francia y llegó a los Estados Unidos de América con un pequeño número de religiosas de la Sociedad del Sagrado Corazón en 1818. Puede ser considerada la fundadora de todas las casas del Sagrado Corazón en los Estados Unidos. Eminente en todas las virtudes de la vida religiosa, pero especialmente en la humildad, dejó esta vida con dulzura y tranquilidad en olor de santidad el 18 de Noviembre de 1852.

[firmado] P. J. Verhaegen, S.J."

Algunos días después, la Madre du Rousier escribió desde San Luis:

"Aquí la opinión general es que hemos perdido a una santa. El clero, y el Arzobispo en particular, hablan de ella con la mayor admiración. El Arzobispo Kenrick declaró que ella era el alma más noble y virtuosa que jamás había conocido. El Padre De Smet dice que mientras vivía era digna de canonización. ¡Nuestras casas americanas se lo deben todo a ella!"

El relato de su funeral en el Diario de la Comunidad concluye: *"Hemos guardado su daguerrotipo en caso de que algún día pueda ser canonizada".*

Esa expectativa empezó a cumplirse cuando, alrededor del año 1900, se comenzaron a recoger testimonios de mujeres mayores que habían conocido a Rosa Filipina cuando eran niñas y de otras personas que podían dar testimonio de su virtud heroica. Después de examinar la vida y las virtudes de la Madre Duchesne, la Sagrada Congregación para los Ritos del Vaticano (ahora Congregación para las Causas de los Santos) la declaró "Venerable", lo que significaba que la Causa podría continuar y que ella podría ser venerada. De acuerdo al proceso de canonización de la Iglesia Católica, se requieren dos curaciones milagrosas documentadas para el siguiente paso, la Beatificación; es decir, declarar a la persona santa "Bienaventurada".

En Roma, a fines de octubre de 1930, la Madre Carolina Indelli, RSCJ, sufría de una infección mastoidea crónica en la oreja izquierda. Tuvo dos cirugías sin mejorar. Durante una Novena hecha por la comunidad para su curación, el 3 de noviembre, toda la herida se curó repentinamente. Cuando el médico la vio el 10 de noviembre, declaró que ninguna ciencia conocida podría explicar la curación repentina. Esto fue aceptado como el primer milagro.

A fines de Diciembre de 1931, Francisco Bahamonde, amigo de la Sociedad del Sagrado Corazón en Ponce, Puerto Rico, se estaba muriendo de cirrosis hepática. El 6 de enero de 1932, su esposa envió al convento el mensaje de que se encontraba en sus últimos momentos. Las religiosas enviaron una reliquia de la Madre Duchesne y sugirieron a su esposa que la colocara sobre el hígado enfermo. A la mañana del 7 de enero, quedaba totalmente curado. Esto fue aceptado como el segundo milagro atribuido a la Madre Duchesne.

La aceptación de estos dos milagros allanó el camino para la beatificación de Rosa Filipina, que tuvo lugar en Roma el 12 de mayo de

1940. Poco después del evento, la Arquidiócesis de San Luis comenzó a planear la erección de un Santuario en su honor en el terreno de la Academia del Sagrado Corazón en San Carlos, Misuri. Se inició la construcción en abril de 1951 y la primera fase del edificio se completó en 1952, con solemne dedicación y traslado del sarcófago de la Madre Duchesne a la nueva iglesia el 11 de junio. El plan original era que el edificio fuera cruciforme, y que posteriormente se adicionara la otra nave. Con el tiempo, sin embargo, se decidió dejar la iglesia con la misma forma del inicio. El interior fue rediseñado por William Schickel en 1967 al estilo que permanece hoy.

Santuario de Santa Rosa Filipina en San Carlos, Misuri
Restauración de William Schickel, 1967.

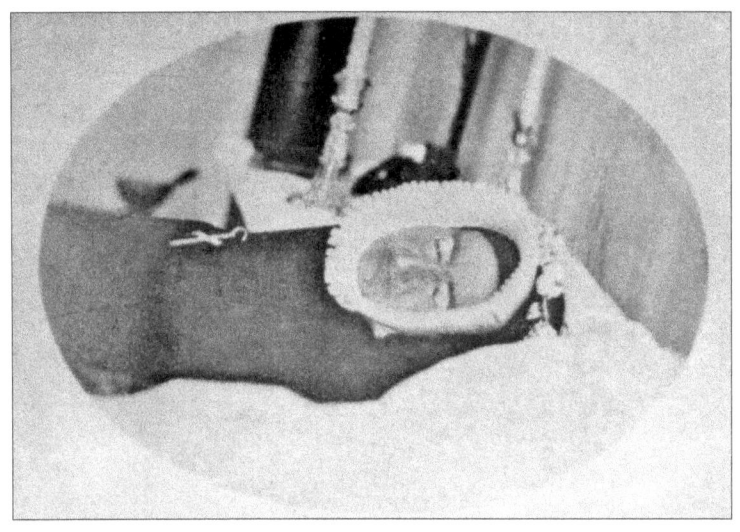

Foto Santa Rosa Filipina 1852.

Era necesario un milagro más para la Canonización, es decir, para que la Madre Duchesne fuera oficialmente declarada Santa de la Iglesia Católica. La Madre Margarita Bernard, RSCJ, había vivido durante muchos años en China, y al igual que otras religiosas, tuvo que abandonar el país ante la toma del poder comunista en 1949-1950. Después de pasar algún tiempo en Tokio, llegó a San Francisco muy enferma de cáncer de tiroides. El examen médico determinó que el tumor era inoperable. Se hicieron oraciones por intercesión de la Madre Duchesne, y la Madre Bernard no murió como se suponía. En cambio, comenzó a mejorar, volvió a Japón y vivió allí otros diez años. Mucho tiempo después, esta curación fue aceptada como el tercer milagro atribuido a la Madre Duchesne. La celebración de su canonización tuvo lugar en Roma el 3 de Julio de 1988.

Santuario de Santa Filipina Duchesne, 1952

15

CONCLUSIÓN

LA MAYOR PARTE DE LOS GRUPOS de misioneros europeos que llegaron a América formaron congregaciones independientes, desde el mismo espíritu de vida y misión que habían conocido en Europa, pero con un gobierno autónomo debido a las dificultades de comunicación a través del mar. Tal vez por el don especial de Magdalena Sofía para establecer relaciones sólidas, Rosa Filipina se negó a crear una congregación americana autónoma, aun cuando esto le hubiera gustado al Obispo Dubourg, frustrado con esperas de hasta seis meses para recibir una respuesta de Francia. Debido a la insistencia de Filipina por mantener la unión, la Sociedad del Sagrado Corazón es hoy, más de doscientos años más tarde, una congregación internacional establecida en cuarenta países con un gobierno central que nunca se ha quebrado. Gracias a Rosa Filipina, cuya visión abarcaba el horizonte de lo posible, cuando la naciente Sociedad se centraba en Francia, también hoy nuevos horizontes continúan atrayendo e impulsando a la Sociedad para emprender caminos nuevos.

La vida de Filipina fue de valentía, visión y generosidad. Con el corazón abierto, enfrentó y superó obstáculos increíbles para llevar el amor de Cristo a aquellos que no lo conocían. Dos características particulares deben hacerla querida para quienes luchan de manera semejante. Primero, aunque ella desde joven quiso realizar el sueño de su vida, obstáculos de todo tipo le impidieron seguir la llamada de Dios hasta que alcanzó la edad madura. Quienes luchan durante muchos años por seguir el llamado de Dios para ellos y les es imposible, encontrarán en Rosa Filipina una compañera y amiga. En segundo lugar, aunque su celo y su amor pudieron superar grandes dificultades, ella nunca logró aprender el idioma que, además del suyo, hubiera sido el más útil para su misión. En nuestro mundo multicultural, aquellos que encuentran obstáculos para su eficacia por carecer de habilidad para los idiomas, deben recordar que Rosa Filipina compartió la misma frustración y por eso los acompañará como animadora y amiga.

La vida de Rosa Filipina Duchesne continúa inspirando a quienes están sedientos de anunciar el amor a Jesús y el amor por los pobres. Entre ellos se encuentra el Papa Francisco, que le tiene una especial devoción. En compañía de San Luis y San Vicente de Paul, es Patrona de la Arquidiócesis de San Luis. Las lecturas de la Misa de su fiesta el 18 de noviembre recogen algunas de las cualidades que la caracterizaron. Isaías 52: 7-10 comienza con la alusión que la misma Rosa Filipina usó en el primer encuentro con Sofía en su montaña de Santa María en 1804: *"Qué hermosos son en las montañas los pies de quienes anuncian la paz".* El pasaje termina con la promesa *"todas las naciones verán la salvación de Dios",* exactamente la misma visión que inspiró a Filipina para querer salir al mundo entero a predicar la Buena Nueva. El Evangelio (Juan 12: 20-26) habla de las consecuencias personales: el grano de trigo debe caer en tierra y morir para producir vida, de la misma manera su sacrificio, a pesar de los sentimientos de fracaso, produjo los frutos de una gran cosecha.

Muchos comentaristas han caracterizado a Rosa Filipina con una alusión poética sobre el significado de su apellido: Duchesne, "del roble". No todos saben que la misma Filipina había hecho lo mismo. El 29 de junio de 1821, sólo tres años después de su llegada a América, escribió una carta a su querida prima y mejor amiga, Josefina Perier, Madame de Savoye-Rollin. Aunque sólo tenía poco más de cincuenta años en ese momento, Filipina expresó la esperanza de morir antes que Josefina, pero agregó: *"Si Dios dispone lo contrario, que me destine a ser un viejo roble que vive a pesar de las tormentas que destruyen a las plantas más jóvenes y sanas"*.

Recordamos al roble y celebramos su fuerza.

VIDA DE
SANTA ROSA FILIPINA DUCHESNE

1769   Nacimiento de Rosa Filipina Duchesne en Grenoble, Francia.

1788   Entrada al Monasterio de la Visitación en Grenoble; dispersión en 1792 por causa de la Revolución.

1804   Entrada en la Sociedad del Sagrado Corazón de Jesús, después de la Revolución.

1815   Elección como Secretaria General y cambio a París.

1818   Viaje de Burdeos, Francia, a Nueva Orleans con cuatro compañeras y apertura del primer colegio en San Carlos, al oeste del río Misuri, el 14 de septiembre.

1819   Traslado de la comunidad y colegio a Florissant, lado este del río Misuri.

1821   Fundación del segundo colegio en Grand Coteau, Luisiana.

1825   Fundación del tercer colegio en San Miguel, Luisiana.

1827   Fundación del cuarto colegio en el Centro de la Ciudad, sur de San Luis.

1840   Filipina es relevada del cargo de superiora

1841   Fundación de la Misión con los Potawatomi en Sugar Creek, Kansas.

1842   Regreso de Filipina de Sugar Creek a San Carlos.

1852   Muerte de Filipina en San Carlos el 18 de noviembre.

1940   Beatificación de Rosa Filipina el 12 de mayo.

1988   Canonización de Rosa Filipina el 3 de julio.

www.ingramcontent.com/pod-product-compliance
Lightning Source LLC
Chambersburg PA
CBHW051238120626
46547CB00013B/1692